Puzzle #1
EASY

	3	1		6				7
5				4		1	3	
7			1		8		5	2
					4	2		
	2	4		9			6	3
				5	3	8		1
4				7	5	6		
8				2				4
		2	4		6			5

Puzzle #2
EASY

5			4			8		
	9	1						
		4	8	2	9		6	5
9			2				5	
1	6					3		9
	7		1	9			4	
				8	7		3	6
			6	1			2	
6	8		9	4		5	1	7

Puzzle #3
EASY

	1	2			5	7	8	9
6		9		8	2		3	
8				4				
7	8		5					
			8		9	1	5	
	4	5	1	2				
		4	3	9		2		
5		6		1		8	4	3
							1	7

Puzzle #4
EASY

3	9	1		6		7		5
					7	1		2
4			5	9				
	4		8		5			
		6	4	7	9	5	1	
9		8			3			
			1	8				9
6	1						3	4
5	8	4				2		

Puzzle #5

EASY

					4			6
5	7		6	3		9	2	
9			8					4
				8			6	
4				6	9		3	2
	2	8	7				9	
		9	5		8	6		
	1	4	9	7				3
8				1	6	2	7	

Puzzle #6
EASY

			6		8		3	
8	9	1			3	5		
6								4
					5	9	4	
	4	8					5	
7	6		4		9	2		3
1	8			5	7	4	6	2
4		3			6		1	8
	7			8	4			

Puzzle #7
EASY

		8		5	7			
	1			8	3			
2	3	7	4			5		9
1			6			9	4	
3		9			5	2		
	5		7	9		3		
				2		8		3
8	4		3			7	6	2
9				7	6	4		

Puzzle #8
EASY

2	3		4	5		6		7
	9		6				1	4
	6		9	7		2		8
		4			2	9	8	
	8			6		1	7	3
5	7				9		6	
			3				2	
			1			8		
			2		7	3	5	9

Puzzle #9

EASY

		8			5		1	
5	1	6	2	9		7		8
			6				2	4
6	7			4				
9				6		2		5
		4		2	1			6
			1			9	8	2
	2		7			9	1	
1	6					4		

Puzzle #10
EASY

6				1		3	7	8
	8	7			3		1	
1		9	8		7	4		
	6	3	2		1		9	
9			6	4			3	1
		8						5
							2	
			7			5	4	
7		6	9				8	3

Puzzle #11
EASY

		2	6	7			4	5
	6	8	9		1		7	3
7	1	4		5	2		8	
			2				5	
	8	5			7	3	2	6
	9		5		6		1	
		7	8	1			6	
6	5		7		3			

Puzzle #12
EASY

8			7	5		6	1	
4					8			5
		9	4	1		3		8
	4	5	8	6	2		3	7
6				3	1		5	
	2			7	4			6
2	9				7	5	6	
		6			5		8	
	5					2		

Puzzle #13
EASY

9	4	8	7		6	2		
							5	
5	7		2		8		4	
		5				8	9	
		7		9	3	1	6	
	1	9	8	6				4
	6		4				2	
		2	3					
1	9			8		7	3	5

Puzzle #14
EASY

5		2	8					
7			2	6				3
					1			9
		6		3	8	2		
2		7				9		
3	8		7	4	2			1
6			3				4	5
4	2				7	3	9	
9	3		6	1				

Puzzle #15
EASY

	1	8		6				
9	4	2	7			8	6	
		6				7		
		3	8	1	4			
1		7	6	2			5	
	8			5			3	2
							8	4
		1		8	5	6	9	
	7	5		9			2	1

Puzzle #16
EASY

6				7		3		2
				6			4	
	9	7	4					
9		4	3	5			8	7
					6		3	5
5	3					6		
3			2	4	9			
	2	5	8	1			6	
	1	9	6	3		2	7	

Puzzle #17
EASY

	8	5	7				4	9	1
	6	9							3
7	4				1		6		8
		7	9	4			3		5
4					2			6	
3								4	
9		2	4	3					
8	7		1						4
5		4	8	2		7			

Puzzle #18
EASY

	8	2		7		1		4
			4					8
1		6				5	9	
6	7			2	5			9
2			8				4	1
9	1							6
7		9		5			1	
		1	3	4			7	
		5	9		7	6	8	3

Puzzle #19
EASY

	9			2	5		4	
				1				5
5	1	3	8			6	7	2
7	2					5		
		6		5				9
	3		9	6	8			4
9		1	5	7			6	3
4			3				1	7
		7	1		2			

Puzzle #20
EASY

	9	4	6					
2			9				1	6
1		6	7				4	
				1		6	3	9	7
9	6							
7			4	2			8	
6	2	3					5	4
	7			4			6	9
4			5		7	8		

Puzzle #21
EASY

5			3	4	2			6
	7		5	9			4	
				1	7	5		
	9		2			6	7	3
4	6	2			8			5
	5				9		2	
				2		1		7
				8	5			4
6			4		1	8		9

Puzzle #22
EASY

2		7	9					
				3	5		2	
	1				4	9	6	
9		1		2	7			5
	5	6	4	9		2		
				8			3	
	6	8	7			3		4
7	4		3				1	2
5				4	9	7		

Puzzle #23

EASY

			8	2	3			
		5	7	4	6		1	
2	8		9		1	7		
1			5	8				3
		7				2	9	
8	2	4						
		2				3	8	
9	7	3	4			6		5
					7	1	4	9

Puzzle #24

EASY

1	2	4			3			6
	7			1		2		3
	3	6	8				4	7
	4				8			9
			1	4	7	6		8
6		1		9				
8	5	9		6		7	3	
	1		3					2
2				7			8	

Puzzle #25
EASY

9		5		1				
8		4			6			3
1	3		7		4	9	2	
7	6	9		5			3	
	5				2		8	
			9	3	7		1	
4					1	8		
	8	2	4	7				
5				2	9	6		7

Puzzle #26
EASY

	2			8		6	5	
7				1		4	9	3
			4		7			
2	7	5	3		1	9		
8		1		9				4
	4							
9		7				3	8	2
			7				1	6
3	5	6			8		4	9

Puzzle #27
EASY

		9					4	5
		6						
8		7	5					
	9		3			2	8	
			2	8			4	
		8	1	4	5		9	3
9		4	7			1	6	
1		3	4	9				5
5			8	1		9		4

Puzzle #28
EASY

7	4		1	9	3			
				5		9	3	
		9	8	2				7
6		4						
3			6		1	8	9	
			3		5	7	6	4
5	7			6	9			
	6		5			2		9
9		2	7	3	4			

Puzzle #29

EASY

2			1	5		8	7	
	4							3
	5			4			9	
	1	6	9				5	
				1	8			7
9	3		7		5		4	
6			4					
5		4			2	1		9
1		2	5	3			8	6

Puzzle #30
EASY

	5	6			4			3
9				6	2	7	4	5
	2	4	9					
			2		1			
	7		3		5	9		6
8	1	3						
					8	5		1
5	8	7		1				
2		1		3		6	8	9

Puzzle #31
EASY

		8	7		9	2		
	9	2		8	6		4	7
	5							1
	4			3	5			9
8	6		9				2	5
	7					1	3	
			4	9				2
	2	6			3	9		4
9	1		6	2				

Puzzle #32

EASY

8	1				4	6		9
	4			8	6			
6			1	2		8	7	
1		3		9		7		8
2		4						6
7			6		2		5	3
5								1
		1				9	8	
	2	8	5	4		3		

Puzzle #33
EASY

2		5		6	8	9		1
	6	3		4		2		
9		1			2			
1	9			2		5		3
	2		9	1				
6			7	8	5			
			2					
	1			5	4	7	6	9
4	7				1		2	

Puzzle #34
EASY

	4	7	5				2	
9			2	6			4	5
		1		4		6	3	
1			3	2	9		8	
	8	3			6			1
4		2						3
		6	7			9		2
		9	1	8	5	4		
	7							

Puzzle #35
EASY

	7			1		9		
2				3	7			
6		9						8
1	9	3	8			7	2	5
4	6	2	5		3		9	1
		7		2			6	
			7	8		4		3
7	1				6		8	
					1			

Puzzle #36
EASY

5		7			8			1
9				1	3			8
		6	2	7				
	2	1	5	6	7	3	9	4
				4			6	2
6								7
4				9	6		1	
		5	7		4	9		
		9	8				4	3

Puzzle #37
EASY

					9	2		3		
	2	9						1	8	7
				3				6		
7				1		8				
2		8		4	3				6	
9		3		5	7	6		2		
		6		8	5					
	3	5				4		9	7	6
4										5

Puzzle #38
EASY

5	1	2						7
		8	2		4	6		9
		6	5	7				3
6					5			1
3			9	2	6	8	7	4
4					7			
8					3	7		
2	6		7	9				
			8			5	9	6

Puzzle #39
EASY

	5	9	6				1	
7				1			8	
1	4			5	8	2		9
3		1	8	9	5			
	8		3				9	
					7			
6	7						2	3
9	1		2	3	6	5	7	
4		2			9			

Puzzle #40
EASY

	7			1	9			
	5		6	4		7	3	
2		4	5	7	3			
		5			1		6	
	2		7	8	4	1		3
							2	9
3				5			8	
		6	1		2		7	
	4	2		3			9	6

Puzzle #41
EASY

5		2	1		8		9	
1		6		7	5			4
3			4					
8	3		5	1	4	2		
9				2	3	7	1	
			8	9	7		3	5
	6			5		1	4	2
			7			5		
			2	8				

Puzzle #42

EASY

		3					2		6
		4			6	3	8	9
	6			3	9	4	1	
3	2				5	6	7	1
	4	8						
5			9		7			4
				1		5	9	2
	5		7		4			
6	3	1					4	8

Puzzle #43

EASY

	3	9	1					
		8	4		9	3	2	6
4	7	6		5		9	1	8
3			6		7		5	9
9		5		2				
						6		2
			5		1		6	
		3	9			7		
8	2	1				4		

Puzzle #44
EASY

	2	5	6	8	1			
		8	7	5			4	
9	6			4		1	5	8
				6	5	4		2
3	5	4			2			9
			1					7
6							7	
		9		1	6			
8		2	5		7	3		1

Puzzle #45

EASY

2		9		1	6	5	7	
		1			5			4
3	5			9			2	6
	6	2	9	8	7		4	
7	9	4		5	3	6		
				2		7		
4		8			9	2		
							4	
	3	5		4		8		

Puzzle #46
EASY

9						3	8	
2	6					9		
4			3			7		1
		6		8	1			
	9	7		3	2		6	
3	4		7	5	6		9	
	1			9	5	6		
	3		8	4				9
8	5					2		7

Puzzle #47

EASY

8	9			6				
	2	3		9	7		1	4
	7			4	5	9		
	6	7			8			
4		2		7		5		1
							7	3
			6	1	9	7		5
		5		3			9	8
	3		5				2	

Puzzle #48
EASY

	7		3	4		5	6	
3		8	5				1	7
		1				3		
		5	6		3	4	9	
7		4		8	9	6		
9			1				8	2
	9		4		8		5	6
		2				8		9
	8	6		2				3

Puzzle #49

EASY

			6	8	3	7	5	
5			9		1		4	6
				7				9
9			7					4
8	5		2			3	6	
3					8	5	9	2
		2					1	5
	8	9		5	2			3
4		5				9		8

Puzzle #50
EASY

		3		7		2		8
				5	8		9	
	5	9		6	2		4	
		4		1	9	5		6
5						1	7	
	8	7	6	4			2	9
	7	1	5	9				
2	4						6	
	3	5	8					

Puzzle #51

EASY

		1			7			5
			3			6		9
	9			5	4			
		9	4	1	8			3
8				3			2	6
5		7	6	9		4	8	
	2		5		3	1	6	
6						7		
1			8			3		2

Puzzle #52

EASY

3		6	7				2	4
				5		8	7	
	9						6	
8	2		5	1	6			
9		3		8				
					2	4	8	1
	8	9	2		1	6	3	7
1	3			6		5	4	
4							1	

Puzzle #53

EASY

			8			3	7	9
				2	3			
4		7			1	5		
5		2		6	4			3
	9	3		8		1	4	
		6		7		8	2	
8								4
3		9	4		6	2	1	
	1	4	2					

Puzzle #54

EASY

				4	3			7
3	2		5	8			6	
9	8				6	2	5	
		8				6		
			9		4			2
		1		2		3	9	
			4	6				
	3	5	1	9	2	7		8
7		9		3	5			6

Puzzle #55

EASY

		4		8	3			
	5		7			8		4
			5	9		3	7	1
7	6			2	9	5		3
						1		
	5	2	6		8			
		3	9	5			1	
		8	2		1			
4		7	8				2	

Puzzle #56
EASY

	2	9	7				1	5
1			9	3	8	6		
	6		5		2			
2	7	1						6
		3		4	1	7		
4				8			3	1
9			8					7
7	4			9		2		3
	1					8	5	

Puzzle #57

EASY

7		1	6			8		
9	4	6				7	1	3
		2		7	1		4	9
6	1				3			7
	7				4		6	
	9				5		3	
1	5		9					4
		9		3	7	2		
4				1	8			

Puzzle #58
EASY

4		6	8		3	9		7
	3					4		6
	7	5	6		4	2		
			2					3
			4		5		6	2
	2			3		1		8
	9		5	7	1	8		
2								9
	4	8		6	2		1	

Puzzle #59
EASY

1		9	2		5			
	5			9	4	6		2
	4				7	9		
	6				8		4	5
7					1	3		
	2			7	6			
5		7			3		9	
6		2	4	8	9			7
	1			5				3

Puzzle #60
EASY

9					2			
	3	1	4		8		5	
	7	4			5	8	6	1
5		7	1			6		
				4			1	9
1	9	8	5		6	7	2	4
			7				3	
4		2				1		
				8	1			6

Puzzle #61
EASY

	9			1	7		5	2
2	7					8		
6		4	2	3	8		7	1
4	1		3		6	5		
	3	5	7				6	
	8					4		
5	4	7		2	1	3		
				7				
8		3	6					9

Puzzle #62

EASY

6		3	8		9		2	5
2	8		5					1
9	5		4	2	3	6		7
1			2			7	4	
4			3		6			
8	6			7				
						5		
7	4	8					9	2
					1		6	4

Puzzle #63
EASY

9		4		7	8		6	3
	1	2	3					
3				1		9		4
	3	6	8			2		
7			6	5	4			
			1	3		6		7
1						4		9
	7	3		6		5	8	
	9				3	7		

Puzzle #64
EASY

		2	6	8				
6	5				4			7
7			2	3			9	
		3		4			6	
			3	9		5	2	4
4		9		6	1			
2			1		3	7	8	
	7		4		9		1	5
	1	5				9		2

Puzzle #65
EASY

2			9					
					7	2	1	
1	4	7	5	2	3		9	8
			6		9			
	2	1	4		5	7		
	8	6				4	3	5
						1		
7		9					8	6
			7	6	1	9	4	2

Puzzle #66
EASY

					9	6	5	1
5			7				8	
2		8	1	3				7
			6				9	5
	4	6	2	5			7	
8	2			9	7			
3				6		7		9
		7		1			3	8
		4		7	3			

Puzzle #67
EASY

5		4				6		
					6	5	1	
		6	5	7	1		4	2
2		5	9			7		1
	3							
	6	8	2	1		9	3	5
6		1		4	5			7
			7	9	8			6
				6	2			4

Puzzle #68
EASY

		6	5	1			4	
	5					8		
	9	1						7
4						7		5
	3	7	1	6	8		9	
		9	7			3		6
8			2	9	3			4
9				4	5	2	7	8
		2	8					9

Puzzle #69
EASY

4	1					7	2	
		9		3	7		4	
			4		1	9		
3	7	2					8	
		1		2	4		6	7
8			3		5	2	1	9
	6	5		4	2			
1		8	7	6				
						6	9	1

Puzzle #70

EASY

8	7			6		3		
	3		8		9	2	7	
	5	4	7	1	3	6		
	9		2		7			6
7		1			5	9	2	4
		5			4			
9	6			5	1			
	4	2			8			3
	1					7		

Puzzle #71
EASY

7		5	4	2		9	3	6
			7		5		1	
	3	8			1			5
3			1	5		2		
2		7				1		
8	6			4	9			
1							9	
	9		8	1	4			2
5			6	9		4		

Puzzle #72

EASY

3		1	6	2				8
	5	8			9		3	
							4	
1				7	6	3	5	2
6		2		8			1	9
5	3	7					8	
			8	3	7		2	1
		3		4	2		6	
		4		6		9		

Puzzle #73

EASY

2		5					6	
3		4	9			2	7	
6			7				8	
						4	9	7
9			4	7			1	3
	6	7		1	9		5	
7		9			4	1		
8					3			5
1	3	2		6				8

Puzzle #74

EASY

	4		2		8	5		
		9	3	6		4	7	
							2	3
7	9		1		5			
6		3		2				4
	8	2			9		3		7
4		1						5
		5		4	6	9		
9	6		5	1				3

Puzzle #75
EASY

		7		4	2		8	
	1							
		9	7		1		2	
	3		8	2			1	
		8	5	6				
6		4		3	7	8		
9			2		3	4		
	7			1		9		
	4	2	9	8	6		5	1

Puzzle #76

EASY

5		8					4		9
3	4	9			5	1	6	2
			9	4			7	8
	3			6				1
			1	9		6		
6			5		8	2		7
	6	4			2			
	3	7	8					6
8	1						2	

Puzzle #77
EASY

6		5	9		8			3
9	1	8		4	7			
				5				
7	8	1	4		3	5		
		9		7		3		
		4					6	
	9			2	6	7		4
8		6			1		2	
5			8			6		1

Puzzle #78
EASY

		2	9		3	8	5	
9	1	7	8					3
		5	6	2	7			
			2		8	5	1	
7			3	6		9		
2	5	6			9			8
5				9	6	4		
		4				6		
6		3						

Puzzle #79
EASY

8		2	6	5	7	1		4
1				4		8		
							9	7
			3					1
	8	1	7		2	9	4	
6	2		5		9	3		
	3				6	4	1	
		7	1					
9				3	8		5	2

Puzzle #80

EASY

6		1	5			8		2
2				1		3	5	
7			4		2			
1		2			8		4	9
4		5					3	
9			2	4				5
		4			3	7		
	2			7		4	1	
8		7	6	2	4		9	

Puzzle #81

EASY

	1			9				5
	5			1	6	2	8	9
7	6	9	2				3	4
				2			4	
		8			7			1
		4	9			7	6	8
2			5		8		9	6
3			1				5	
				3	9			

Puzzle #82
EASY

	5				4			1
		9		2	6	3		
			1	9	7	4	2	5
1		5			9			
	9			3				6
6	3					1	9	7
9			6				8	
		7	2				5	9
		6	9	7	3			4

Puzzle #83
EASY

	4	1			9		5	
6			4	5		2		
3			6				7	
				9			8	5
		6	5	2				
5	1	9		4			6	
			1		5	3		7
	8		7	2		4	1	
1		4			6	5		8

Puzzle #84
EASY

	5				6	8		
		4	8		2			5
						1	4	
				2	4	5		8
		8			3	2	1	
2		9		1	8		6	
				8	7		9	1
1	2			9	5			4
		6	4			7		2

Puzzle #85

EASY

	1	6	4	5				9
		5	6			4		8
9					3			5
1			9	3		2		
	5			4				
6	2			1			3	
3	9		5			7	6	
				2		8	4	1
4		2	7	6		9		3

Puzzle #86
EASY

			9		4	3		5
5	4		8	2	3	1		9
			1			8		
6	8			9		5	3	4
	9				1	2		7
2		3						
		8	4		6		9	
	6			7			1	3
	3		2		9			

Puzzle #87

EASY

			1	8				
				9			8		4
1	8			3	4		2	
6		7			9		5	8
	4				5	9	7	2
			3	7			6	1
9	3	1				2		6
8		5			1			
7				6	3		9	5

Puzzle #88
EASY

			3	9		4	6	
			5		2	7	1	9
2		9						
9			1	6	7	8		
8	6			3		2	7	
5	7	1	8		4	9		6
4		6	2		3			
					9		4	5
		8			1			

Puzzle #89

EASY

	3		6					
	8			2			3	5
5			8	1	3		6	2
2		8		3	9	5	1	7
		1		8	2			
3		9				8		
6				5	1			9
			7	4			5	6
	4	5			6			

Puzzle #90

EASY

9		7		4	8		2	
6	2		9					4
5		8				3		7
				6	4	7		1
8			3				6	5
				1	5	2	3	
	6				2	5		
	8	3		5	9	6	1	
		4	1			9		8

Puzzle #91

EASY

3		7			2		5	4
	8						7	
1	4		7				9	
	1	8			6		4	3
4	2			1		9	6	8
					5			2
		9		2			8	7
	7		6				3	
		4			1	6		9

Puzzle #92

EASY

7		3	9		8			
6					5		3	9
4			3	2			7	6
8			6	5		9	1	
	6					4		7
		7	1					
3		6		1		7	2	
9		8	4		3		6	
					6		9	4

Puzzle #93

EASY

		2						
8	4		3		2		6	1
1			4			2	7	
		5	7		6	8	1	
			9	3	8		4	5
		6		5		7		
5				8	1	3		2
	6	9		4			8	
			2	7	9	4		

Puzzle #94

EASY

2		5		7	9	1	6	8
		6	5		8			4
	8	4		1	2	5	3	
	7	8	3	2				
	4					8		3
								2
	9	3	1				4	
	6			9				5
5	2				6		9	

Puzzle #95

EASY

1	6	5	8		2			3
3						8		
		4				2	6	
2		1				6	5	
			2		7		3	
	7	3			6	1		2
	3			7	1			8
5		7		8	4			1
4				2	3		9	6

Puzzle #96

EASY

		4				5	2	8
				5				
9	5	2	6	8	1		4	
	9			4				
				7	5			
7	6	8	1			9		
	2	3		6				9
8		6	4	1			3	5
1		9				6		7

Puzzle #97

EASY

2	3		9			8		5
	9	8	7			1	2	6
7			1					
	6							9
	2			7				
8			6	1	5			2
9		3			8	4	6	1
		4		9				
5	8			6		3		7

Puzzle #98

EASY

		4					5	6
		3		1			8	
	2		8		3			
6	9		7					4
3	7					8	9	
	4		9			6		
9	1				6	3		
8	5			9	4	7		1
4	3			8		2	5	

Puzzle #99
EASY

	7			4	8			
4		8			1		6	
		2	7		9			
			1	7	5			8
			2	6		5	1	7
5	1	7	8		4			2
					2	4		
6						3	2	
9	2		3		6	1		

Puzzle #100

EASY

	4		8	7		1	2	9
		8	9		2	5		
7		2	1	5				8
8	7				9	4		
6	5	4			8			1
				1		7	8	5
3	8			9	7			
	1							
4		6		8	1	9	5	7

Puzzle # 1

2	3	1	5	6	9	4	8	7
5	8	9	7	4	2	1	3	6
7	4	6	1	3	8	9	5	2
3	5	8	6	1	4	2	7	9
1	2	4	8	9	7	5	6	3
6	9	7	2	5	3	8	4	1
4	1	3	9	7	5	6	2	8
8	6	5	3	2	1	7	9	4
9	7	2	4	8	6	3	1	5

Puzzle # 2

5	2	6	4	7	1	8	9	3
8	9	1	3	6	5	2	7	4
7	3	4	8	2	9	1	6	5
9	4	8	2	3	6	7	5	1
1	6	2	7	5	4	3	8	9
3	7	5	1	9	8	6	4	2
2	1	9	5	8	7	4	3	6
4	5	7	6	1	3	9	2	8
6	8	3	9	4	2	5	1	7

Puzzle # 3

4	1	2	6	3	5	7	8	9
6	5	9	7	8	2	4	3	1
8	3	7	9	4	1	5	2	6
7	8	1	5	6	4	3	9	2
2	6	3	8	7	9	1	5	4
9	4	5	1	2	3	6	7	8
1	7	4	3	9	8	2	6	5
5	9	6	2	1	7	8	4	3
3	2	8	4	5	6	9	1	7

Puzzle # 4

3	9	1	2	6	8	7	4	5
8	6	5	3	4	7	1	9	2
4	7	2	5	9	1	3	8	6
1	4	7	8	2	5	9	6	3
2	3	6	4	7	9	5	1	8
9	5	8	6	1	3	4	2	7
7	2	3	1	8	4	6	5	9
6	1	9	7	5	2	8	3	4
5	8	4	9	3	6	2	7	1

Puzzle # 5

3	8	2	9	5	4	7	1	6
5	7	4	6	3	1	9	2	8
9	1	6	8	7	2	3	5	4
1	9	3	2	8	5	4	6	7
4	5	7	1	6	9	8	3	2
6	2	8	7	4	3	1	9	5
7	3	9	5	2	8	6	4	1
2	6	1	4	9	7	5	8	3
8	4	5	3	1	6	2	7	9

Puzzle # 6

5	2	4	6	7	8	1	3	9
8	9	1	2	4	3	5	7	6
6	3	7	5	9	1	8	2	4
3	1	2	8	6	5	9	4	7
9	4	8	7	3	2	6	5	1
7	6	5	4	1	9	2	8	3
1	8	9	3	5	7	4	6	2
4	5	3	9	2	6	7	1	8
2	7	6	1	8	4	3	9	5

Puzzle # 7

6	9	8	2	5	7	1	3	4
5	1	4	9	8	3	6	2	7
2	3	7	4	6	1	5	8	9
1	7	2	6	3	8	9	4	5
3	8	9	1	4	5	2	7	6
4	5	6	7	9	2	3	1	8
7	6	1	5	2	4	8	9	3
8	4	5	3	1	9	7	6	2
9	2	3	8	7	6	4	5	1

Puzzle # 8

2	3	1	4	5	8	6	9	7
7	9	8	6	2	3	5	1	4
4	6	5	9	7	1	2	3	8
6	1	4	7	3	2	9	8	5
9	8	2	5	6	4	1	7	3
5	7	3	8	1	9	4	6	2
8	5	9	3	4	6	7	2	1
3	2	7	1	9	5	8	4	6
1	4	6	2	8	7	3	5	9

Puzzle # 9

4	2	8	7	3	5	6	1	9
5	1	6	2	9	4	7	3	8
7	9	3	6	1	8	5	2	4
6	7	2	5	4	3	8	9	1
9	3	1	8	6	7	2	4	5
8	5	4	9	2	1	3	7	6
3	4	5	1	7	6	9	8	2
2	8	7	4	5	9	1	6	3
1	6	9	3	8	2	4	5	7

Puzzle # 10

6	4	5	1	9	2	3	7	8
2	8	7	4	5	3	9	1	6
1	3	9	8	6	7	4	5	2
5	6	3	2	8	1	7	9	4
9	7	2	6	4	5	8	3	1
4	1	8	3	7	9	2	6	5
3	9	4	5	1	8	6	2	7
8	2	1	7	3	6	5	4	9
7	5	6	9	2	4	1	8	3

Puzzle # 11

9	3	2	6	7	8	1	4	5
5	6	8	9	4	1	2	7	3
7	1	4	3	5	2	6	8	9
1	7	6	2	3	4	9	5	8
4	8	5	1	9	7	3	2	6
2	9	3	5	8	6	4	1	7
3	4	7	8	1	9	5	6	2
8	2	9	4	6	5	7	3	1
6	5	1	7	2	3	8	9	4

Puzzle # 12

8	3	2	7	5	9	6	1	4
4	6	1	3	2	8	9	7	5
5	7	9	4	1	6	3	2	8
9	4	5	8	6	2	1	3	7
6	8	7	9	3	1	4	5	2
1	2	3	5	7	4	8	9	6
2	9	4	1	8	7	5	6	3
3	1	6	2	4	5	7	8	9
7	5	8	6	9	3	2	4	1

Puzzle # 13

9	4	8	7	5	6	2	1	3
3	2	6	9	4	1	5	7	8
5	7	1	2	3	8	6	4	9
6	3	5	1	2	4	8	9	7
4	8	7	5	9	3	1	6	2
2	1	9	8	6	7	3	5	4
8	6	3	4	7	5	9	2	1
7	5	2	3	1	9	4	8	6
1	9	4	6	8	2	7	3	5

Puzzle # 14

5	1	2	8	9	3	4	6	7
7	9	4	2	6	5	8	1	3
8	6	3	4	7	1	5	2	9
1	5	6	9	3	8	2	7	4
2	4	7	1	5	6	9	3	8
3	8	9	7	4	2	6	5	1
6	7	8	3	2	9	1	4	5
4	2	1	5	8	7	3	9	6
9	3	5	6	1	4	7	8	2

Puzzle # 15

7	1	8	5	6	9	2	4	3
9	4	2	7	3	1	8	6	5
5	3	6	2	4	8	7	1	9
2	5	3	8	1	4	9	7	6
1	9	7	6	2	3	4	5	8
6	8	4	9	5	7	1	3	2
3	6	9	1	7	2	5	8	4
4	2	1	3	8	5	6	9	7
8	7	5	4	9	6	3	2	1

Puzzle # 16

6	4	8	5	7	1	3	9	2
2	5	3	9	6	8	7	4	1
1	9	7	4	2	3	8	5	6
9	6	4	3	5	2	1	8	7
7	8	2	1	9	6	4	3	5
5	3	1	7	8	4	6	2	9
3	7	6	2	4	9	5	1	8
4	2	5	8	1	7	9	6	3
8	1	9	6	3	5	2	7	4

Puzzle # 17

2	8	5	7	6	3	4	9	1
1	6	9	2	8	4	5	7	3
7	4	3	5	1	9	6	2	8
6	2	7	9	4	1	3	8	5
4	9	8	3	5	2	1	6	7
3	5	1	6	7	8	9	4	2
9	1	2	4	3	7	8	5	6
8	7	6	1	9	5	2	3	4
5	3	4	8	2	6	7	1	9

Puzzle # 18

3	8	2	5	7	9	1	6	4
5	9	7	4	6	1	3	2	8
1	4	6	2	8	3	5	9	7
6	7	4	1	2	5	8	3	9
2	5	3	8	9	6	7	4	1
9	1	8	7	3	4	2	5	6
7	3	9	6	5	8	4	1	2
8	6	1	3	4	2	9	7	5
4	2	5	9	1	7	6	8	3

Puzzle # 19

6	9	8	7	2	5	3	4	1
2	7	4	6	1	3	8	9	5
5	1	3	8	4	9	6	7	2
7	2	9	4	3	1	5	8	6
8	4	6	2	5	7	1	3	9
1	3	5	9	6	8	7	2	4
9	8	1	5	7	4	2	6	3
4	5	2	3	8	6	9	1	7
3	6	7	1	9	2	4	5	8

Puzzle # 20

3	9	4	6	5	1	2	7	8
2	8	7	9	3	4	5	1	6
1	5	6	7	8	2	9	4	3
5	4	2	8	1	6	3	9	7
9	6	8	3	7	5	4	2	1
7	3	1	4	2	9	6	8	5
6	2	3	1	9	8	7	5	4
8	7	5	2	4	3	1	6	9
4	1	9	5	6	7	8	3	2

Puzzle # 21

5	1	9	3	4	2	7	8	6
2	7	8	5	9	6	3	4	1
3	4	6	8	1	7	5	9	2
8	9	1	2	5	4	6	7	3
4	6	2	7	3	8	9	1	5
7	5	3	1	6	9	4	2	8
9	8	4	6	2	3	1	5	7
1	3	7	9	8	5	2	6	4
6	2	5	4	7	1	8	3	9

Puzzle # 22

2	8	7	9	1	6	4	5	3
6	9	4	8	3	5	1	2	7
3	1	5	2	7	4	9	6	8
9	3	1	6	2	7	8	4	5
8	5	6	4	9	3	2	7	1
4	7	2	5	8	1	6	3	9
1	6	8	7	5	2	3	9	4
7	4	9	3	6	8	5	1	2
5	2	3	1	4	9	7	8	6

Puzzle # 23

7	4	1	8	2	3	9	5	6
3	9	5	7	4	6	8	1	2
2	8	6	9	5	1	7	3	4
1	6	9	5	8	2	4	7	3
5	3	7	1	6	4	2	9	8
8	2	4	3	7	9	5	6	1
4	1	2	6	9	5	3	8	7
9	7	3	4	1	8	6	2	5
6	5	8	2	3	7	1	4	9

Puzzle # 24

1	2	4	7	5	3	8	9	6
9	7	8	4	1	6	2	5	3
5	3	6	8	2	9	1	4	7
7	4	2	6	3	8	5	1	9
3	9	5	1	4	7	6	2	8
6	8	1	5	9	2	3	7	4
8	5	9	2	6	4	7	3	1
4	1	7	3	8	5	9	6	2
2	6	3	9	7	1	4	8	5

Puzzle # 25

9	7	5	2	1	3	4	6	8
8	2	4	5	9	6	1	7	3
1	3	6	7	8	4	9	2	5
7	6	9	1	5	8	2	3	4
3	5	1	6	4	2	7	8	9
2	4	8	9	3	7	5	1	6
4	9	7	3	6	1	8	5	2
6	8	2	4	7	5	3	9	1
5	1	3	8	2	9	6	4	7

Puzzle # 26

1	2	4	9	8	3	6	5	7
7	6	8	2	1	5	4	9	3
5	9	3	4	6	7	8	2	1
2	7	5	3	4	1	9	6	8
8	3	1	5	9	6	2	7	4
6	4	9	8	7	2	1	3	5
9	1	7	6	5	4	3	8	2
4	8	2	7	3	9	5	1	6
3	5	6	1	2	8	7	4	9

Puzzle # 27

3	1	9	6	2	8	4	5	7
2	5	6	9	7	4	3	1	8
8	4	7	5	3	1	6	2	9
4	9	5	3	6	7	2	8	1
7	3	1	2	8	9	5	4	6
6	2	8	1	4	5	7	9	3
9	8	4	7	5	3	1	6	2
1	6	3	4	9	2	8	7	5
5	7	2	8	1	6	9	3	4

Puzzle # 28

7	4	5	1	9	3	6	2	8
8	2	6	4	5	7	9	3	1
1	3	9	8	2	6	4	5	7
6	8	4	9	7	2	3	1	5
3	5	7	6	4	1	8	9	2
2	9	1	3	8	5	7	6	4
5	7	8	2	6	9	1	4	3
4	6	3	5	1	8	2	7	9
9	1	2	7	3	4	5	8	6

Puzzle # 29

2	6	9	1	5	3	8	7	4
8	4	7	2	9	6	5	1	3
3	5	1	8	4	7	6	9	2
7	1	6	9	2	4	3	5	8
4	2	5	3	1	8	9	6	7
9	3	8	7	6	5	2	4	1
6	9	3	4	8	1	7	2	5
5	8	4	6	7	2	1	3	9
1	7	2	5	3	9	4	8	6

Puzzle # 30

1	5	6	8	7	4	2	9	3
9	3	8	1	6	2	7	4	5
7	2	4	9	5	3	1	6	8
6	9	5	2	4	1	8	3	7
4	7	2	3	8	5	9	1	6
8	1	3	7	9	6	4	5	2
3	6	9	4	2	8	5	7	1
5	8	7	6	1	9	3	2	4
2	4	1	5	3	7	6	8	9

Puzzle # 31

4	3	8	7	1	9	2	5	6
1	9	2	5	8	6	3	4	7
6	5	7	3	4	2	8	9	1
2	4	1	8	3	5	7	6	9
8	6	3	9	7	1	4	2	5
5	7	9	2	6	4	1	3	8
3	8	5	4	9	7	6	1	2
7	2	6	1	5	3	9	8	4
9	1	4	6	2	8	5	7	3

Puzzle # 32

8	1	2	7	5	4	6	3	9
3	4	7	9	8	6	5	1	2
6	9	5	1	2	3	8	7	4
1	6	3	4	9	5	7	2	8
2	5	4	3	7	8	1	9	6
7	8	9	6	1	2	4	5	3
5	7	6	8	3	9	2	4	1
4	3	1	2	6	7	9	8	5
9	2	8	5	4	1	3	6	7

Puzzle # 33

2	4	5	3	6	8	9	7	1
7	6	3	1	4	9	2	5	8
9	8	1	5	7	2	4	3	6
1	9	7	4	2	6	5	8	3
5	2	8	9	1	3	6	4	7
6	3	4	7	8	5	1	9	2
8	5	6	2	9	7	3	1	4
3	1	2	8	5	4	7	6	9
4	7	9	6	3	1	8	2	5

Puzzle # 34

6	4	7	5	1	3	8	2	9
9	3	8	2	6	7	1	4	5
2	5	1	9	4	8	6	3	7
1	6	5	3	2	9	7	8	4
7	8	3	4	5	6	2	9	1
4	9	2	8	7	1	5	6	3
8	1	6	7	3	4	9	5	2
3	2	9	1	8	5	4	7	6
5	7	4	6	9	2	3	1	8

Puzzle # 35

5	7	4	6	1	8	9	3	2
2	8	1	9	3	7	5	4	6
6	3	9	4	5	2	1	7	8
1	9	3	8	6	4	7	2	5
4	6	2	5	7	3	8	9	1
8	5	7	1	2	9	3	6	4
9	2	6	7	8	5	4	1	3
7	1	5	3	4	6	2	8	9
3	4	8	2	9	1	6	5	7

Puzzle # 36

5	3	7	9	4	8	6	2	1
9	4	2	6	1	3	5	7	8
1	8	6	2	7	5	4	3	9
8	2	1	5	6	7	3	9	4
7	5	3	4	8	9	1	6	2
6	9	4	1	3	2	8	5	7
4	7	8	3	9	6	2	1	5
3	1	5	7	2	4	9	8	6
2	6	9	8	5	1	7	4	3

Puzzle # 37

6	8	1	7	9	2	5	3	4
3	2	9	6	4	5	1	8	7
5	4	7	3	8	1	6	9	2
7	6	4	1	2	8	3	5	9
2	5	8	4	3	9	7	6	1
9	1	3	5	7	6	2	4	8
1	9	6	8	5	7	4	2	3
8	3	5	2	1	4	9	7	6
4	7	2	9	6	3	8	1	5

Puzzle # 38

5	1	2	3	6	9	4	8	7
7	3	8	2	1	4	6	5	9
9	4	6	5	7	8	1	2	3
6	2	7	4	8	5	9	3	1
3	5	1	9	2	6	8	7	4
4	8	9	1	3	7	2	6	5
8	9	4	6	5	3	7	1	2
2	6	5	7	9	1	3	4	8
1	7	3	8	4	2	5	9	6

Puzzle # 39

8	5	9	6	2	3	4	1	7
7	2	3	9	1	4	6	8	5
1	4	6	7	5	8	2	3	9
3	6	1	8	9	5	7	4	2
5	8	7	3	4	2	1	9	6
2	9	4	1	6	7	3	5	8
6	7	5	4	8	1	9	2	3
9	1	8	2	3	6	5	7	4
4	3	2	5	7	9	8	6	1

Puzzle # 40

8	7	3	2	1	9	6	4	5
9	5	1	6	4	8	7	3	2
2	6	4	5	7	3	9	1	8
4	3	5	9	2	1	8	6	7
6	2	9	7	8	4	1	5	3
7	1	8	3	6	5	4	2	9
3	9	7	4	5	6	2	8	1
5	8	6	1	9	2	3	7	4
1	4	2	8	3	7	5	9	6

Puzzle # 41

5	4	2	1	3	8	6	9	7
1	8	6	9	7	5	3	2	4
3	7	9	4	6	2	8	5	1
8	3	7	5	1	4	2	6	9
9	5	4	6	2	3	7	1	8
6	2	1	8	9	7	4	3	5
7	6	8	3	5	9	1	4	2
2	9	3	7	4	1	5	8	6
4	1	5	2	8	6	9	7	3

Puzzle # 42

1	9	3	4	7	8	2	5	6
2	7	4	1	5	6	3	8	9
8	6	5	2	3	9	4	1	7
3	2	9	8	4	5	6	7	1
7	4	8	3	6	1	9	2	5
5	1	6	9	2	7	8	3	4
4	8	7	6	1	3	5	9	2
9	5	2	7	8	4	1	6	3
6	3	1	5	9	2	7	4	8

Puzzle # 43

2	3	9	1	6	8	5	7	4
5	1	8	4	7	9	3	2	6
4	7	6	2	5	3	9	1	8
3	4	2	6	1	7	8	5	9
9	6	5	8	2	4	1	3	7
1	8	7	3	9	5	6	4	2
7	9	4	5	8	1	2	6	3
6	5	3	9	4	2	7	8	1
8	2	1	7	3	6	4	9	5

Puzzle # 44

4	2	5	6	8	1	7	9	3
1	3	8	7	5	9	2	4	6
9	6	7	2	4	3	1	5	8
7	8	1	9	6	5	4	3	2
3	5	4	8	7	2	6	1	9
2	9	6	1	3	4	5	8	7
6	1	3	4	2	8	9	7	5
5	7	9	3	1	6	8	2	4
8	4	2	5	9	7	3	6	1

Puzzle # 45

2	4	9	3	1	6	5	7	8
6	8	1	2	7	5	9	3	4
3	5	7	4	9	8	1	2	6
5	6	2	9	8	7	3	4	1
7	9	4	1	5	3	6	8	2
8	1	3	6	2	4	7	9	5
4	7	8	5	6	9	2	1	3
9	2	6	8	3	1	4	5	7
1	3	5	7	4	2	8	6	9

Puzzle # 46

9	7	1	5	2	4	3	8	6
2	6	3	1	7	8	9	5	4
4	8	5	3	6	9	7	2	1
5	2	6	9	8	1	4	7	3
1	9	7	4	3	2	8	6	5
3	4	8	7	5	6	1	9	2
7	1	4	2	9	5	6	3	8
6	3	2	8	4	7	5	1	9
8	5	9	6	1	3	2	4	7

Puzzle # 47

8	9	4	2	6	1	3	5	7
5	2	3	8	9	7	6	1	4
1	7	6	3	4	5	9	8	2
3	6	7	1	5	8	2	4	9
4	8	2	9	7	3	5	6	1
9	5	1	4	2	6	8	7	3
2	4	8	6	1	9	7	3	5
6	1	5	7	3	2	4	9	8
7	3	9	5	8	4	1	2	6

Puzzle # 48

2	7	9	3	4	1	5	6	8
3	4	8	5	6	2	9	1	7
6	5	1	8	9	7	3	2	4
8	2	5	6	7	3	4	9	1
7	1	4	2	8	9	6	3	5
9	6	3	1	5	4	7	8	2
1	9	7	4	3	8	2	5	6
5	3	2	7	1	6	8	4	9
4	8	6	9	2	5	1	7	3

Puzzle # 49

2	9	4	6	8	3	7	5	1
5	7	3	9	2	1	8	4	6
6	1	8	5	7	4	2	3	9
9	2	6	7	3	5	1	8	4
8	5	1	2	4	9	3	6	7
3	4	7	1	6	8	5	9	2
7	3	2	8	9	6	4	1	5
1	8	9	4	5	2	6	7	3
4	6	5	3	1	7	9	2	8

Puzzle # 50

4	6	3	9	7	1	2	5	8
7	1	2	4	5	8	6	9	3
8	5	9	3	6	2	7	4	1
3	2	4	7	1	9	5	8	6
5	9	6	2	8	3	1	7	4
1	8	7	6	4	5	3	2	9
6	7	1	5	9	4	8	3	2
2	4	8	1	3	7	9	6	5
9	3	5	8	2	6	4	1	7

Puzzle # 51

4	8	1	9	6	7	2	3	5
7	5	2	3	8	1	6	4	9
3	9	6	2	5	4	8	1	7
2	6	9	4	1	8	5	7	3
8	1	4	7	3	5	9	2	6
5	3	7	6	9	2	4	8	1
9	2	8	5	7	3	1	6	4
6	4	3	1	2	9	7	5	8
1	7	5	8	4	6	3	9	2

Puzzle # 52

3	5	6	7	9	8	1	2	4
2	4	1	6	5	3	8	7	9
7	9	8	1	2	4	3	6	5
8	2	4	5	1	6	7	9	3
9	1	3	4	8	7	2	5	6
6	7	5	9	3	2	4	8	1
5	8	9	2	4	1	6	3	7
1	3	7	8	6	9	5	4	2
4	6	2	3	7	5	9	1	8

Puzzle # 53

2	6	1	8	4	5	3	7	9
9	5	8	7	2	3	4	6	1
4	3	7	6	9	1	5	8	2
5	8	2	1	6	4	7	9	3
7	9	3	5	8	2	1	4	6
1	4	6	3	7	9	8	2	5
8	2	5	9	1	7	6	3	4
3	7	9	4	5	6	2	1	8
6	1	4	2	3	8	9	5	7

Puzzle # 54

1	5	6	2	4	3	9	8	7
3	2	7	5	8	9	4	6	1
9	8	4	7	1	6	2	5	3
2	9	8	3	5	1	6	7	4
5	6	3	9	7	4	8	1	2
4	7	1	6	2	8	3	9	5
8	1	2	4	6	7	5	3	9
6	3	5	1	9	2	7	4	8
7	4	9	8	3	5	1	2	6

Puzzle # 55

9	7	4	1	8	3	2	5	6
1	3	5	7	6	2	8	9	4
2	8	6	5	9	4	3	7	1
7	6	1	4	2	9	5	8	3
8	4	9	3	7	5	1	6	2
3	5	2	6	1	8	7	4	9
6	2	3	9	5	7	4	1	8
5	9	8	2	4	1	6	3	7
4	1	7	8	3	6	9	2	5

Puzzle # 56

8	2	9	7	6	4	3	1	5
1	5	7	9	3	8	6	2	4
3	6	4	5	1	2	9	7	8
2	7	1	3	5	9	4	8	6
5	8	3	6	4	1	7	9	2
4	9	6	2	8	7	5	3	1
9	3	5	8	2	6	1	4	7
7	4	8	1	9	5	2	6	3
6	1	2	4	7	3	8	5	9

Puzzle # 57

7	3	1	6	4	9	8	2	5
9	4	6	8	5	2	7	1	3
5	8	2	3	7	1	6	4	9
6	1	5	2	8	3	4	9	7
3	7	8	1	9	4	5	6	2
2	9	4	7	6	5	1	3	8
1	5	7	9	2	6	3	8	4
8	6	9	4	3	7	2	5	1
4	2	3	5	1	8	9	7	6

Puzzle # 58

4	1	6	8	2	3	9	5	7
9	3	2	1	5	7	4	8	6
8	7	5	6	9	4	2	3	1
1	6	7	2	8	9	5	4	3
3	8	9	4	1	5	7	6	2
5	2	4	7	3	6	1	9	8
6	9	3	5	7	1	8	2	4
2	5	1	3	4	8	6	7	9
7	4	8	9	6	2	3	1	5

Puzzle # 59

1	7	9	2	6	5	4	3	8
8	5	3	1	9	4	6	7	2
2	4	6	8	3	7	9	5	1
3	6	1	9	2	8	7	4	5
7	9	8	5	4	1	3	2	6
4	2	5	3	7	6	1	8	9
5	8	7	6	1	3	2	9	4
6	3	2	4	8	9	5	1	7
9	1	4	7	5	2	8	6	3

Puzzle # 60

9	8	5	6	1	2	3	4	7
6	3	1	4	7	8	9	5	2
2	7	4	3	9	5	8	6	1
5	4	7	1	2	9	6	8	3
3	2	6	8	4	7	5	1	9
1	9	8	5	3	6	7	2	4
8	1	9	7	6	4	2	3	5
4	6	2	9	5	3	1	7	8
7	5	3	2	8	1	4	9	6

Puzzle # 61

3	9	8	4	1	7	6	5	2
2	7	1	5	6	9	8	3	4
6	5	4	2	3	8	9	7	1
4	1	2	3	8	6	5	9	7
9	3	5	7	4	2	1	6	8
7	8	6	1	9	5	4	2	3
5	4	7	9	2	1	3	8	6
1	6	9	8	7	3	2	4	5
8	2	3	6	5	4	7	1	9

Puzzle # 62

6	7	3	8	1	9	4	2	5
2	8	4	5	6	7	9	3	1
9	5	1	4	2	3	6	8	7
1	3	5	2	9	8	7	4	6
4	2	7	3	5	6	8	1	9
8	6	9	1	7	4	2	5	3
3	1	6	9	4	2	5	7	8
7	4	8	6	3	5	1	9	2
5	9	2	7	8	1	3	6	4

Puzzle # 63

9	5	4	2	7	8	1	6	3
6	1	2	3	4	9	8	7	5
3	8	7	5	1	6	9	2	4
5	3	6	8	9	7	2	4	1
7	2	1	6	5	4	3	9	8
8	4	9	1	3	2	6	5	7
1	6	8	7	2	5	4	3	9
4	7	3	9	6	1	5	8	2
2	9	5	4	8	3	7	1	6

Puzzle # 64

9	3	2	6	8	7	4	5	1
6	5	8	9	1	4	2	3	7
7	4	1	2	3	5	6	9	8
5	8	3	7	4	2	1	6	9
1	6	7	3	9	8	5	2	4
4	2	9	5	6	1	8	7	3
2	9	4	1	5	3	7	8	6
8	7	6	4	2	9	3	1	5
3	1	5	8	7	6	9	4	2

Puzzle # 65

2	3	8	9	1	6	5	7	4
6	9	5	8	4	7	2	1	3
1	4	7	5	2	3	6	9	8
5	7	4	6	3	9	8	2	1
3	2	1	4	8	5	7	6	9
9	8	6	1	7	2	4	3	5
4	6	2	3	9	8	1	5	7
7	1	9	2	5	4	3	8	6
8	5	3	7	6	1	9	4	2

Puzzle # 66

4	7	3	8	2	9	6	5	1
5	1	9	7	4	6	3	8	2
2	6	8	1	3	5	9	4	7
7	3	1	6	8	4	2	9	5
9	4	6	2	5	1	8	7	3
8	2	5	3	9	7	1	6	4
3	5	2	4	6	8	7	1	9
6	9	7	5	1	2	4	3	8
1	8	4	9	7	3	5	2	6

Puzzle # 67

5	1	4	8	2	9	6	7	3
8	7	2	4	3	6	5	1	9
3	9	6	5	7	1	8	4	2
2	4	5	9	8	3	7	6	1
1	3	9	6	5	7	4	2	8
7	6	8	2	1	4	9	3	5
6	8	1	3	4	5	2	9	7
4	2	3	7	9	8	1	5	6
9	5	7	1	6	2	3	8	4

Puzzle # 68

2	8	6	5	1	7	9	4	3
7	5	4	9	3	6	8	2	1
3	9	1	4	8	2	6	5	7
4	6	8	3	2	9	7	1	5
5	3	7	1	6	8	4	9	2
1	2	9	7	5	4	3	8	6
8	7	5	2	9	3	1	6	4
9	1	3	6	4	5	2	7	8
6	4	2	8	7	1	5	3	9

Puzzle # 69

4	1	3	6	9	8	7	2	5
6	5	9	2	3	7	1	4	8
2	8	7	4	5	1	9	3	6
3	7	2	9	1	6	5	8	4
5	9	1	8	2	4	3	6	7
8	4	6	3	7	5	2	1	9
9	6	5	1	4	2	8	7	3
1	3	8	7	6	9	4	5	2
7	2	4	5	8	3	6	9	1

Puzzle # 70

8	7	9	5	6	2	3	4	1
1	3	6	8	4	9	2	7	5
2	5	4	7	1	3	6	9	8
4	9	3	2	8	7	5	1	6
7	8	1	6	3	5	9	2	4
6	2	5	1	9	4	8	3	7
9	6	7	3	5	1	4	8	2
5	4	2	9	7	8	1	6	3
3	1	8	4	2	6	7	5	9

Puzzle # 71

7	1	5	4	2	8	9	3	6
9	2	6	7	3	5	8	1	4
4	3	8	9	6	1	7	2	5
3	4	9	1	5	7	2	6	8
2	5	7	3	8	6	1	4	9
8	6	1	2	4	9	3	5	7
1	8	4	5	7	2	6	9	3
6	9	3	8	1	4	5	7	2
5	7	2	6	9	3	4	8	1

Puzzle # 72

3	7	1	6	2	4	5	9	8
4	5	8	7	1	9	2	3	6
2	9	6	3	5	8	1	4	7
1	8	9	4	7	6	3	5	2
6	4	2	5	8	3	7	1	9
5	3	7	2	9	1	6	8	4
9	6	5	8	3	7	4	2	1
7	1	3	9	4	2	8	6	5
8	2	4	1	6	5	9	7	3

Puzzle # 73

2	7	5	8	4	1	3	6	9
3	8	4	9	5	6	2	7	1
6	9	1	7	3	2	5	8	4
5	1	3	6	2	8	4	9	7
9	2	8	4	7	5	6	1	3
4	6	7	3	1	9	8	5	2
7	5	9	2	8	4	1	3	6
8	4	6	1	9	3	7	2	5
1	3	2	5	6	7	9	4	8

Puzzle # 74

3	4	6	2	7	8	5	1	9
5	2	9	3	6	1	4	7	8
8	1	7	4	5	9	2	3	6
7	9	4	1	3	5	8	6	2
6	5	3	8	2	7	1	9	4
1	8	2	6	9	4	3	5	7
4	7	1	9	8	3	6	2	5
2	3	5	7	4	6	9	8	1
9	6	8	5	1	2	7	4	3

Puzzle # 75

5	6	7	3	4	2	1	8	9
2	1	3	6	9	8	5	4	7
4	8	9	7	5	1	3	2	6
7	3	5	8	2	9	6	1	4
1	9	8	5	6	4	2	7	3
6	2	4	1	3	7	8	9	5
9	5	1	2	7	3	4	6	8
8	7	6	4	1	5	9	3	2
3	4	2	9	8	6	7	5	1

Puzzle # 76

5	7	8	2	6	1	4	3	9
3	4	9	7	8	5	1	6	2
1	2	6	9	4	3	5	7	8
7	5	3	4	2	6	8	9	1
4	8	2	1	9	7	6	5	3
6	9	1	5	3	8	2	4	7
9	6	4	3	1	2	7	8	5
2	3	7	8	5	4	9	1	6
8	1	5	6	7	9	3	2	4

Puzzle # 77

6	2	5	9	1	8	4	7	3
9	1	8	3	4	7	2	5	6
4	3	7	6	5	2	8	1	9
7	8	1	4	6	3	5	9	2
2	6	9	1	7	5	3	4	8
3	5	4	2	8	9	1	6	7
1	9	3	5	2	6	7	8	4
8	4	6	7	3	1	9	2	5
5	7	2	8	9	4	6	3	1

Puzzle # 78

4	6	2	9	1	3	8	5	7
9	1	7	8	5	4	2	6	3
8	3	5	6	2	7	1	9	4
3	4	9	2	7	8	5	1	6
7	8	1	3	6	5	9	4	2
2	5	6	1	4	9	3	7	8
5	2	8	7	9	6	4	3	1
1	7	4	5	3	2	6	8	9
6	9	3	4	8	1	7	2	5

Puzzle # 79

8	9	2	6	5	7	1	3	4
1	7	5	9	4	3	8	2	6
4	6	3	8	2	1	5	9	7
7	5	9	3	8	4	2	6	1
3	8	1	7	6	2	9	4	5
6	2	4	5	1	9	3	7	8
5	3	8	2	7	6	4	1	9
2	4	7	1	9	5	6	8	3
9	1	6	4	3	8	7	5	2

Puzzle # 80

6	4	1	5	3	9	8	7	2
2	9	8	7	1	6	3	5	4
7	5	3	4	8	2	9	6	1
1	7	2	3	5	8	6	4	9
4	8	5	9	6	1	2	3	7
9	3	6	2	4	7	1	8	5
5	6	4	1	9	3	7	2	8
3	2	9	8	7	5	4	1	6
8	1	7	6	2	4	5	9	3

Puzzle # 81

8	1	2	3	9	4	6	7	5
4	5	3	7	1	6	2	8	9
7	6	9	2	8	5	1	3	4
6	7	5	8	2	1	9	4	3
9	3	8	4	6	7	5	2	1
1	2	4	9	5	3	7	6	8
2	4	1	5	7	8	3	9	6
3	9	6	1	4	2	8	5	7
5	8	7	6	3	9	4	1	2

Puzzle # 82

7	5	2	3	8	4	9	6	1
4	1	9	5	2	6	3	7	8
8	6	3	1	9	7	4	2	5
1	7	5	4	6	9	8	3	2
2	9	8	7	3	1	5	4	6
6	3	4	8	5	2	1	9	7
9	2	1	6	4	5	7	8	3
3	4	7	2	1	8	6	5	9
5	8	6	9	7	3	2	1	4

Puzzle # 83

2	4	1	8	7	9	6	5	3
6	7	8	4	5	3	2	1	9
3	9	5	6	1	2	8	7	4
7	2	3	9	6	1	4	8	5
4	8	6	5	2	7	9	3	1
5	1	9	3	4	8	7	6	2
9	6	2	1	8	5	3	4	7
8	5	7	2	3	4	1	9	6
1	3	4	7	9	6	5	2	8

Puzzle # 84

9	5	3	1	4	6	8	2	7
6	1	4	8	7	2	9	3	5
7	8	2	3	5	9	1	4	6
3	6	1	9	2	4	5	7	8
5	4	8	7	6	3	2	1	9
2	7	9	5	1	8	4	6	3
4	3	5	2	8	7	6	9	1
1	2	7	6	9	5	3	8	4
8	9	6	4	3	1	7	5	2

Puzzle # 85

2	1	6	4	5	8	3	7	9
7	3	5	6	9	2	4	1	8
9	4	8	1	7	3	6	2	5
1	7	4	9	3	5	2	8	6
8	5	3	2	4	6	1	9	7
6	2	9	8	1	7	5	3	4
3	9	1	5	8	4	7	6	2
5	6	7	3	2	9	8	4	1
4	8	2	7	6	1	9	5	3

Puzzle # 86

8	1	7	9	6	4	3	2	5
5	4	6	8	2	3	1	7	9
3	2	9	1	5	7	8	4	6
6	8	1	7	9	2	5	3	4
4	9	5	3	8	1	2	6	7
2	7	3	6	4	5	9	8	1
1	5	8	4	3	6	7	9	2
9	6	2	5	7	8	4	1	3
7	3	4	2	1	9	6	5	8

Puzzle # 87

4	5	9	1	8	2	6	3	7
2	7	3	9	5	6	8	1	4
1	8	6	7	3	4	5	2	9
6	1	7	4	2	9	3	5	8
3	4	8	6	1	5	9	7	2
5	9	2	3	7	8	4	6	1
9	3	1	5	4	7	2	8	6
8	6	5	2	9	1	7	4	3
7	2	4	8	6	3	1	9	5

Puzzle # 88

7	1	5	3	9	8	4	6	2
6	8	3	5	4	2	7	1	9
2	4	9	7	1	6	5	8	3
9	3	2	1	6	7	8	5	4
8	6	4	9	3	5	2	7	1
5	7	1	8	2	4	9	3	6
4	5	6	2	7	3	1	9	8
1	2	7	6	8	9	3	4	5
3	9	8	4	5	1	6	2	7

Puzzle # 89

1	3	2	6	7	5	9	4	8
7	8	6	9	2	4	1	3	5
5	9	4	8	1	3	7	6	2
2	6	8	4	3	9	5	1	7
4	7	1	5	8	2	6	9	3
3	5	9	1	6	7	8	2	4
6	2	7	3	5	1	4	8	9
9	1	3	7	4	8	2	5	6
8	4	5	2	9	6	3	7	1

Puzzle # 90

9	3	7	5	4	8	1	2	6
6	2	1	9	7	3	8	5	4
5	4	8	6	2	1	3	9	7
3	9	5	2	6	4	7	8	1
8	1	2	3	9	7	4	6	5
4	7	6	8	1	5	2	3	9
1	6	9	7	8	2	5	4	3
7	8	3	4	5	9	6	1	2
2	5	4	1	3	6	9	7	8

Puzzle # 91

3	9	7	1	6	2	8	5	4
5	8	6	9	3	4	2	7	1
1	4	2	7	5	8	3	9	6
7	1	8	2	9	6	5	4	3
4	2	5	3	1	7	9	6	8
9	6	3	8	4	5	7	1	2
6	5	9	4	2	3	1	8	7
2	7	1	6	8	9	4	3	5
8	3	4	5	7	1	6	2	9

Puzzle # 92

7	1	3	9	6	8	2	4	5
6	8	2	7	4	5	1	3	9
4	9	5	3	2	1	8	7	6
8	3	4	6	5	7	9	1	2
1	6	9	8	3	2	4	5	7
2	5	7	1	9	4	6	8	3
3	4	6	5	1	9	7	2	8
9	2	8	4	7	3	5	6	1
5	7	1	2	8	6	3	9	4

Puzzle # 93

6	5	2	8	1	7	9	3	4
8	4	7	3	9	2	5	6	1
1	9	3	4	6	5	2	7	8
4	3	5	7	2	6	8	1	9
7	2	1	9	3	8	6	4	5
9	8	6	1	5	4	7	2	3
5	7	4	6	8	1	3	9	2
2	6	9	5	4	3	1	8	7
3	1	8	2	7	9	4	5	6

Puzzle # 94

2	3	5	4	7	9	1	6	8
7	1	6	5	3	8	9	2	4
9	8	4	6	1	2	5	3	7
6	7	8	3	2	1	4	5	9
1	4	2	9	6	5	8	7	3
3	5	9	7	8	4	6	1	2
8	9	3	1	5	7	2	4	6
4	6	1	2	9	3	7	8	5
5	2	7	8	4	6	3	9	1

Puzzle # 95

1	6	5	8	4	2	9	7	3
3	2	9	7	6	5	8	1	4
7	8	4	1	3	9	2	6	5
2	4	1	3	9	8	6	5	7
8	5	6	2	1	7	4	3	9
9	7	3	4	5	6	1	8	2
6	3	2	9	7	1	5	4	8
5	9	7	6	8	4	3	2	1
4	1	8	5	2	3	7	9	6

Puzzle # 96

6	1	4	3	9	7	5	2	8
3	8	7	5	2	4	1	9	6
9	5	2	6	8	1	7	4	3
2	9	5	8	4	6	3	7	1
4	3	1	9	7	5	8	6	2
7	6	8	1	3	2	9	5	4
5	2	3	7	6	8	4	1	9
8	7	6	4	1	9	2	3	5
1	4	9	2	5	3	6	8	7

Puzzle # 97

2	3	1	9	4	6	8	7	5
4	9	8	7	5	3	1	2	6
7	5	6	1	8	2	9	4	3
1	6	7	2	3	4	5	8	9
3	2	5	8	7	9	6	1	4
8	4	9	6	1	5	7	3	2
9	7	3	5	2	8	4	6	1
6	1	4	3	9	7	2	5	8
5	8	2	4	6	1	3	9	7

Puzzle # 98

1	8	4	2	7	9	5	3	6
7	6	3	4	1	5	9	8	2
5	2	9	8	6	3	4	1	7
6	9	5	7	3	8	1	2	4
3	7	1	6	4	2	8	9	5
2	4	8	9	5	1	6	7	3
9	1	7	5	2	6	3	4	8
8	5	2	3	9	4	7	6	1
4	3	6	1	8	7	2	5	9

Puzzle # 99

3	7	5	6	4	8	2	9	1
4	9	8	5	2	1	7	6	3
1	6	2	7	3	9	8	5	4
2	3	6	1	7	5	9	4	8
8	4	9	2	6	3	5	1	7
5	1	7	8	9	4	6	3	2
7	5	3	9	1	2	4	8	6
6	8	1	4	5	7	3	2	9
9	2	4	3	8	6	1	7	5

Puzzle # 100

5	4	3	8	7	6	1	2	9
1	6	8	9	4	2	5	7	3
7	9	2	1	5	3	6	4	8
8	7	1	5	3	9	4	6	2
6	5	4	7	2	8	3	9	1
2	3	9	6	1	4	7	8	5
3	8	5	4	9	7	2	1	6
9	1	7	2	6	5	8	3	4
4	2	6	3	8	1	9	5	7

www.ingramcontent.com/pod-product-compliance
Lightning Source LLC
Chambersburg PA
CBHW080548220526
45466CB00010B/3077